Género Fantasía

I0799109

¿? Pregunta esencial
¿Por qué es especial una mascota?

Topo y Pato

María Furquet
ilustrado por Valeria Cis

LECTURA COMPLEMENTARIA

Este es Topo.
Este es Pato.

Topo sube y baja.
Pato nada.

Topo saluda a Pato.
Pato saluda a Topo.

Topo me mima.
Pato me mima.

Yo juego con Topo
y Pato.

—¡Es para ti, Pato!

—Toma un pan, Topo.
Es para ti. ¿Te gusta?

—Toma un tomate, Pato.
Es para ti. ¿Te gusta?

¿Dónde está Topo?
¡Topo está en mi moto!

¿Dónde está Pato?
¡Pato está en mi moto!

¡Topo! ¡Pato!

Respuesta a la lectura

Volver a contar

Vuelve a contar los detalles de *Topo y Pato* con tus propias palabras.

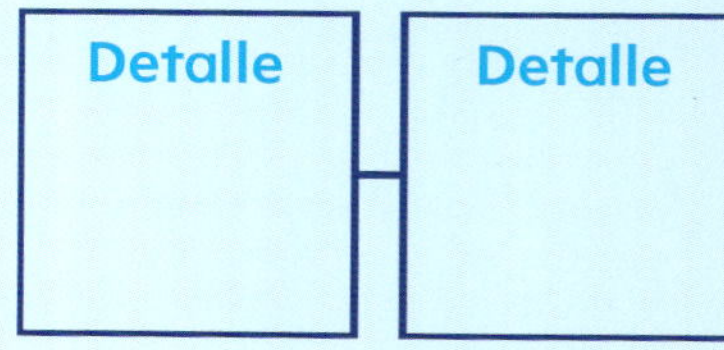

Evidencia en el texto

1. Mira la página 4. ¿Quién saluda primero?

   Detalles clave: Secuencia

2. Mira la página 7. ¿Qué les da primero el niño a sus mascotas? Detalles clave: Secuencia

3. ¿Cómo sabes que *Topo y Pato* es fantasía? Género

Mamá pata

Género No ficción

Compara los textos

Lee para aprender sobre los patos.

Mira mi pata.
Mi pata es la mamá
del patito.
Ella mima a su patito.

Mi pata nada.
Su patito nada.
Mi pata camina con
su patito.
¡El patito come pan!

¿? Haz conexiones

¿Qué hace el pato del cuento?
¿Qué hacen los patos de verdad?

El texto y otros textos

Enfoque: Ciencias

Propósito Observar lo que hacen las mascotas

Paso a paso

Paso 1 Piensa en diferentes mascotas. Elige una.

Paso 2 Haz una tabla como esta.

Mi mascota es
Mi mascota necesita: 1.________ 2.________ 3.________

Paso 3 Completa la tabla con tres cosas que hace tu mascota.

Conclusión Habla con un amigo sobre lo que hace tu mascota.